BEI GRIN MACHT SICH IHR WISSEN BEZAHLT

Bibliografische Information der Deutschen Nationalbibliothek:

Die Deutsche Bibliothek verzeichnet diese Publikation in der Deutschen National-
bibliografie; detaillierte bibliografische Daten sind im Internet über http://dnb.d-
nb.de/ abrufbar.

Dieses Werk sowie alle darin enthaltenen einzelnen Beiträge und Abbildungen
sind urheberrechtlich geschützt. Jede Verwertung, die nicht ausdrücklich vom
Urheberrechtsschutz zugelassen ist, bedarf der vorherigen Zustimmung des Verla-
ges. Das gilt insbesondere für Vervielfältigungen, Bearbeitungen, Übersetzungen,
Mikroverfilmungen, Auswertungen durch Datenbanken und für die Einspeicherung
und Verarbeitung in elektronische Systeme. Alle Rechte, auch die des auszugsweisen
Nachdrucks, der fotomechanischen Wiedergabe (einschließlich Mikrokopie) sowie
der Auswertung durch Datenbanken oder ähnliche Einrichtungen, vorbehalten.

Impressum:

Copyright © 2009 GRIN Verlag, Open Publishing GmbH
Druck und Bindung: Books on Demand GmbH, Norderstedt Germany
ISBN: 9783640505432

Dieses Buch bei GRIN:

http://www.grin.com/de/e-book/140571/die-zukunftswerkstatt

Jan-Hendrik Schott

Die Zukunftswerkstatt

Eine Methode für die politische Bildung

GRIN Verlag

GRIN - Your knowledge has value

Der GRIN Verlag publiziert seit 1998 wissenschaftliche Arbeiten von Studenten, Hochschullehrern und anderen Akademikern als eBook und gedrucktes Buch. Die Verlagswebsite www.grin.com ist die ideale Plattform zur Veröffentlichung von Hausarbeiten, Abschlussarbeiten, wissenschaftlichen Aufsätzen, Dissertationen und Fachbüchern.

Besuchen Sie uns im Internet:

http://www.grin.com/

http://www.facebook.com/grincom

http://www.twitter.com/grin_com

Ausarbeitung des Referats zum Thema:

„Die Zukunftswerkstatt"

Von Jan-Hendrik Schott,
L3-Student im 7. Semester

Seminar: Methodentraining für den kompetenzorientierten Politikunterricht

Wintersemester 2008/2009

Gliederung

Einführung

In dieser Referatsausarbeitung werde ich das Konzept der Zukunftswerkstatt beschreiben und diskutieren. Zunächst werde ich einen Überblick über die Methode und ihren Aufbau geben. Anschließend stelle ich die Chancen und Grenzen der Zukunftswerkstatt vor. Interessant ist natürlich auch welche Aufgaben der Lehrkraft bei dieser Methode zufallen. Dann will ich den Bezug zu den Bildungsstandards und den didaktischen Prinzipien des politischen Unterrichts untersuchen. Inwiefern ist die Methode Zukunftswerkstatt in ihnen wieder zu erkennen? Zum Schluss möchte ich erörtern ob und wie die Zukunftswerkstatt in der Schule eingesetzt werden kann.

Was ist eine Zukunftswerkstatt?

Das Konzept der Zukunftswerkstatt geht auf Robert Jungt zurück. Er engagierte sich in der Umwelt- und Friedensbewegung und erhielt 1986 den Alternativen Nobelpreis. Bereits Mitte der 1970er Jahre erfand er die Methode der Zukunftswerkstatt. Sie hat zum Ziel, durch Beteiligung der Menschen die Gesellschaft zu politisieren. Er erhoffte sich, dass sich ihre Teilnehmerinnen und Teilnehmer, durch die Zukunftswerkstatt ausgelöst, sich in einen Kreislauf aus Beteiligung an der Gesellschaft und Identifikation mit der Gesellschaft begeben.

Die Zukunftswerkstatt ist eine Makromethode bei der die Teilnehmerinnen und Teilnehmer auf der Grundlage einer konkreten Fragestellung oder eines Problems nach einer wünschenswerten Zukunft suchen. Dazu gehört, dass sie sich intensiv mit einem Thema auseinandersetzen und in konstruktiver Zusammenarbeit nach Lösungen suchen. Deshalb ist eine Zukunftswerkstatt immer Ergebnisoffen. Sie vereint dabei verschiedene methodische Elemente:

---

[1] Reinhardt, Sibylle; Richter, Dagmar (2007): Politik-Methodik. Handbuch für die Sekundarstufe I und II. 1. Aufl. Berlin: Cornelsen Scriptor. S.: 89

- Experimentiermethode (Entwickeln einer alternativen Zukunft)
- Partizipationsmethode (Problemlösung und Entscheidungsfindung)
- Lernmethode (kooperatives Arbeiten)
- Reflektionsmethode (überprüfen der eigenen Position)

Aufbau einer Zukunftswerkstatt

Eine Zukunftswerkstatt besteht aus fünf Phasen, drei Hauptphasen sowie einer Vor- und einer Nachbereitungsphase.

Die Vorbereitungsphase

Sie dient der Organisation. Hier werden ein Termin und ein Ort für die Veranstaltung festgelegt. Dazu wird das nötige Material beschafft und das Thema festgelegt. Die Gruppe besteht im Idealfall aus 10 - 25 Teilnehmerinnen und Teilnehmer. Das Thema oder Problem sollte aus ihrem direkten Lebensumfeld kommen.

Kritikphase

In dieser Phase soll jeder seine Kritik frei äußern können. Die Zentrale Fragestellung lautet hier: „Worin liegt eigentlich das Problem?" oder "Warum kann/soll es kann es nicht so weitergehen wie bisher?". Hier ist es wichtig durch auch überzogene und unrealistische Phantasien von der Realität abzukommen um auf diesem Weg später neue Alternative Lösungen zu finden[2]. Hier soll es noch nicht zu Diskussionen kommen, daher soll sich jeder in seinen Beiträgen möglichst kurz fassen.

Diese Phase ist Verlaufsoffen und bietet so die Möglichkeit verschiedene Methoden einzusetzen. Besonders geeignet wären hier ein Brainstorming, eine Schreibkonferenz oder eine Talkshow.

Phantasiephase

Während der Phantasiephase sind die Teilnehmerinnen und Teilnehmer aufgefordert ihre Vision einer Wünschenswerten Zukunft zu Äußern. Sie sollen sich Vorstellen all ihre

---

[2] Vgl. Kuhnt, Beate; Müllert, Norbert R. (2006): Moderationsfibel Zukunftswerkstätten. Verstehen - anleiten - einsetzen ; das Praxisbuch zur sozialen Problemlösungsmethode Zukunftswerkstatt. 3., überarb. Aufl. Neu-Ulm: AG-SPAK-Bücher (Materialien der AG SPAK, 166).S.: 12

Wünsche umsetzen zu können. Dazu könnte es hilfreich sein eine Phantasiereise als Einführung zu benutzen[3]. Das soll helfen seinen Verstand für die Zukunftsvisionen zu öffnen. Die Phantasiephase bietet wieder die Gelegenheit verschiedene Methoden zur Ergebnissicherung einzusetzen. Die Teilnehmerinnen und Teilnehmer können ihre Ideen Aufschreiben, ein Bild malen eine Collage erstellen und vieles mehr.

Die Phantasiephase hat eine besondere Stellung im Verlauf einer Zukunftswerkstatt. Sie entscheidet über Erfolg oder Misserfolg der Zukunftswerkstatt. Hier entwickeln sich die Ideen, die später zur Lösungsfindung führen. Es ist also wichtig, dass die Ideen und Visionen an dieser Stelle ausgesprochen werden.

Verwirklichungsphase

Die Verwirklichungsphase orientiert sich nun an der Frage: „Was ist Realisierbar?". Hierzu werden die in der Phantasiephase gesponnenen Utopien gemeinsam besprochen und diskutiert. Denkbar wäre hier auch die Phantasien zunächst in verschiedene Rubriken einzuteilen um eine bessere Übersicht zu bekommen[4]. Es gilt die Ideen und Visionen der Teilnehmerinnen und Teilnehmer in die Realität zu übertragen.

Als erstes muss also geschaut werden, welche Wünsche unbedingt realisiert werden sollten und ein Aktionsplan wird erstellt. Nun muss die Gruppe herausfinden welche Schritte erforderlich sind um den Aktionsplan zu erfüllen. Es wird ausgewertet welcher Schritt in welcher Zeit und mit welchem Aufwand verbunden ist. Diese Arbeit kann auch in verschiedenen Kleingruppen geschehen. Wichtig ist, dass jede Teilnehmerin und Jeder Teilnehmer zum Schluss eine Aufgabe hat, wie er selber zur Realisierung des Plans und somit zur Lösung des Problems beitragen kann[5].

Während der Verwirklichungsphase können auch wieder verschiedene Methoden eingesetzt werden. Es wäre beispielsweise denkbar, dass die Phantasien in einer Gerichtsverhandlung auf ihre Realisierbarkeit geprüft werden. Auch die Präsentation der Ergebnisse aus verschiedenen Gruppen kann auf unterschiedliche Weisen entstehen (Erstellen eines Zeitungsartikels, Theaterstück, Wandzeitung und anderes).

---

[3] Vgl. Mattes, Wolfgang (2008): Methoden für den Unterricht. 75 kompakte Übersichten für Lehrende und Lernende. [Nachdr.]. Paderborn: Schöningh (Schöningh-Schulbuch). S.: 75
[4] Vgl. Kuhnt, Beate; Müllert, Norbert R. (2006): Moderationsfibel Zukunftswerkstätten. Verstehen - anleiten - einsetzen ; das Praxisbuch zur sozialen Problemlösungsmethode Zukunftswerkstatt. 3., überarb. Aufl. Neu-Ulm: AG-SPAK-Bücher (Materialien der AG SPAK, 166).
[5] Vgl. Gugel, Günther (2007): 1000 neue Methoden. Praxismaterial für kreativen und aktivierenden Unterricht. Neu ausgestattete Sonderausg. Weinheim, Basel: Beltz (Pädagogik). S.: 204

Nachbereitungsphase

Hier soll die Zukunftswerkstatt und ihre einzelnen Phasen noch einmal reflektiert werden. Die Teilnehmerinnen und Teilnehmer rekapitulieren was sie während der gemeinsamen Arbeit neues über das Thema erfahren haben, wie sie sich bei der Arbeit gefühlt haben und was sie durch ihr Verhalten in Zukunft ändern können.

Um den Verlaus der Zukunftswerkstatt noch einmal nachempfinden zu können eignet es sich ein Protokoll anzufertigen.

Die Rolle des Lehrers

Jede Zukunftswerkstatt hat einen Moderator. Seine Aufgaben sind die Organisation und Planung der einzelnen Phasen. Darüber hinaus ist er auch dafür verantwortlich, dass jedem das Thema eindeutig klar ist. Er nimmt selber nicht aktiv an den Gruppenarbeiten und Diskussionen Teil, initiiert dafür die einzelnen Schritte und regt die Teilnehmerinnen und Teilnehmer zur Mitarbeit an. Ebenso kann er zwischen verschiedenen Positionen vermitteln und die Arbeiten fördern oder verstärken.

Wichtig ist, dass er weder allwissend ist noch weder belehrend noch steuernd auftritt.

Chancen und Ziele der Zukunftswerkstatt

Eine Zukunftswerkstatt regt die Menschen dazu an sich in einer strukturierten Form mit einem real existierenden Problem auseinanderzusetzen. Dabei lernen die Teilnehmerinnen und Teilnehmer ihre Wünsche und Ideen auszuformulieren und dessen Realisierbarkeit zu prüfen. Die Veranstaltung bietet die Möglichkeit sich gegenseitig auszutauschen und durch Zusammenarbeit neue kreative Lösungen für bestehende Probleme zu finden. Sie kann Menschen aus verschiedenen Lebens- und Erfahrungsbereichen miteinander ins Gespräch bringen. Hier kann durch den Austausch mit anderen eine neue Perspektive entstehen. Der Aufbau einer Zukunftswerkstatt bietet die Möglichkeit seine Kreativität und seinen Verstand voll einzusetzen um das gemeinsame Ziel zu erreichen. Das wiederum motiviert die Teilnehmerinnen und Teilnehmer, sodass sie in Zukunft vielleicht etwas mehr Engagement haben etwas für das Wohlergehen ihres Umfeldes zu Unternehmen.

Das Übergeordnete Ziel einer Zukunftswerkstatt soll es also sein die Gesellschaft zu politisieren und etwas mehr Identifikation des Einzelnen mit seiner Umwelt zu schaffen[6].

---

[6] Vgl. Reinhardt, Sibylle; Richter, Dagmar (2007): Politik-Methodik. Handbuch für die Sekundarstufe I und II. 1. Aufl. Berlin: Cornelsen Scriptor. S.: 89

Probleme der Zukunftswerkstatt

Zukunftswerkstätten können auch an ihren Zielen scheitern. Damit das nicht geschieht ist es zunächst sehr wichtig die Reihenfolge der Phasen einzuhalten. Wenn die Reihenfolge vertauscht wird ist es sehr wahrscheinlich, dass die Zukunftswerkstatt scheitert. Der Moderator muss also darauf achten, dass kein Schritt vorgezogen wird.

Dazu kommt, dass die Zukunftswerkstatt auf Grund ihrer offenen Form zeitlich nur sehr schwer bis gar nicht ausrechenbar ist. Zukunftswerkstätten können einige Stunden aber auch mehrere Tage lang dauern.

Um eine Zukunftswerkstatt erfolgreich abschließen zu können muss der Moderator ein gewisses Maß an Risikobereitschaft haben. Wenn er die Teilnehmerinnen und Teilnehmer in ein zu enges Korsette zwängt könnte ihre Kreativität darunter erstickt werden. Das würde zwangsläufig zum Scheitern der Veranstaltung führen.

Eine Zukunftswerkstatt lebt durch ihre Teilnehmerinnen und Teilnehmern. Wenn sie keine Ideen äußern und sich nur unzureichend an der Zusammenarbeit beteiligen wollen kann die Methode nicht gelingen. Der Erfolg einer Zukunftswerkstatt steht und fällt erheblich mit dem Engagement der Teilnehmerinnen und Teilnehmer[7].

Bezug zu den Bildungsstandards

Die Bildungsstandards beschreiben Lernziele in Kompetenzbereichen. In ihnen ist festgelegt welche Kompetenzen den Schülerinnen und Schülern im laufe ihrer schulischen Kariere erlernt haben sollen[8].Es stellt sich also die frage welche der in den Bildungsstandards beschriebenen Kompetenzen durch die Methode der Zukunftswerkstatt berührt werden.

Zunächst lernen die Schülerinnen und Schüler auf dem Gebiet der politischen Urteilfähigkeit. Die Zukunftswerkstatt bietet eine Plattform auf der sie sich mit einem Problem auseinander setzen sollen. Dabei wird von ihnen verlangt, dass sie eine eigene Position zu der Thematik entwickeln, sich diese bewusst machen und sie im laufe der Zukunftswerkstatt prüfen. Alle Schülerinnen und Schüler sind dazu aufgefordert eigene Vorschläge zu entwickeln und diese für eine konkrete Problemlösung zu nutzen. Dabei müssen sie auch mögliche Konsequenzen abwägen und aus verschiedenen Ideen neue Vorschläge entwickeln.

Zusätzlich lernen sie im Bezug auf ihre politische Handlungsfähigkeit. Sie müssen in den Gruppenarbeiten ihre gebildeten Urteile formulieren, begründen und verteidigen können. Die

---

[7] Vgl. Reinhardt, Sibylle; Richter, Dagmar (2007): Politik-Methodik. Handbuch für die Sekundarstufe I und II. 1. Aufl. Berlin: Cornelsen Scriptor. S.: 91

[8] Vgl. http://www.bmbf.de/pub/zur_entwicklung_nationaler_bildungsstandards.pdf S.:9

Zukunftswerkstatt bietet dabei immer die Möglichkeit (/regt dazu an) die eigenen Ideen in reelle Aktionen (wie ein Brief an den Abgeordneten oder ähnliches) umzusetzen.

Natürlich erweitert die Zukunftswerkstatt auch die methodischen Fähigkeiten der Schülerinnen und Schüler. Die Zukunftswerkstatt ist verlaufsoffen und bietet so die Freiheit verschiedene Methoden einzusetzen. So werden sich die Schülerinnen und Schüler an Collagen probieren, Wandzeitungen erstellen, Präsentationen vorbereiten, sich in Gruppenarbeiten einsetzen und einiges mehr. Die Zukunftswerkstatt bietet diesbezüglich eine menge an. Die Moderatoren müssen lediglich in der Lage sein das Heft so weit aus der Hand zu geben und mutig genug sein die verschiedenen Methoden auch auszuprobieren.

Die didaktischen Prinzipien der politischen Bildung

Die didaktischen Prinzipien der politischen Bildung werden als die Werkzeuge gesehen, die dem Politiklehrer zur Verfügung stehen um seinen Unterricht zu gestalten.

Die Zukunftswerkstatt ist zunächst eine adressatenorientierte Methode weil sie ihre Themen aus den Problemen des direkten Umfeldes der Teilnehmerinnen und Teilnehmer sucht. Auf diese Weise ist jeder betroffen und somit motiviert sich an der gemeinsamen Arbeit zu beteiligen und sich einzubringen.

Natürlich ist die Zukunftswerkstatt auch problemorientiert. Die Teilnehmerinnen und Teilnehmer sollen sich mit einem konkreten Problem auseinandersetzen und gemeinsam unter Einsatz ihres Verstandes und ihrer Phantasie Lösungen entwickeln.

Auch das didaktische Prinzip der Konfliktorientierung wird von der Zukunftswerkstatt verwendet. Wie ich bereits vorhin beschrieben habe treffen bei einer Zukunftswerkstatt verschiedene Menschen aus verschiedenen Lebens- und Erfahrungsbereichen aufeinander. Hier müssen sie die Meinung der Anderen akzeptieren lernen ihre eigenen Vorschläge artikulieren und begründen können. Die Zukunftswerkstatt hat dabei das Ziel gemeinsam an den Konflikten zu arbeiten und sie so zu bereinigen anstatt sie auszutragen.

Die Zukunftswerkstatt in der Schule

Da die Zukunftswerkstatt ursprünglich als Konzept für die Erwachsenenbildung entstanden ist stellt sich die Frage ob sie in die Schule überhaupt übertragbar ist.

Wie bereits beschrieben kann eine Zukunftswerkstatt zwischen einigen Stunden und mehreren Tagen dauern. Das macht es sehr schwer sie für den Unterricht einzusetzen. Sie lebt davon, dass der Moderator seine Teilnehmerinnen und Teilnehmer nicht einengt oder ihre Ausführungen abwürgt. Dies könnte aber im Schulalltag mit seiner 45-Minutentaktung durchaus passieren. Der Zeitliche Faktor spielt auch eine Rolle, wenn es um das Einhalten der Lehrpläne geht. Sollte eine Zukunftswerkstatt zu lange Zeit in Anspruch nehmen kommt die Klasse am Ende mit ihrem Lehrplan nicht hinterher. Was also tun um diesem Problem zu begegnen?

Zum einen gäbe es die Möglichkeit eine Zukunftswerkstatt im Rahmen einer Projektwoche durchzuführen. Hier hätte die Gruppe dann genügend Zeit ein Thema zu finden und sich mit diesem auseinanderzusetzen. Am Ende stünden der Gruppe dann mehrere Formen der Präsentation ihrer Ergebnisse zur Verfügung.

Andererseits ist es natürlich auch möglich Zukunftswerkstätten in nachmittäglichen AGs anzubieten. Auch hier wäre die Gruppe nicht mehr an die 45-Minutentaktung gebunden und hätte viele Möglichkeiten ihr Thema zu bearbeiten.

Am besten gefällt mir die Idee der Zusammenarbeit verschiedener Fächer. Dazu braucht es eine gute Verständigung der Lehrerinnen und Lehrer an einer Schule. Eine Zukunftswerkstatt hat den Anspruch ein Thema mehrperspektivisch zu betrachten. Dazu reicht ein Fach in der Schule in der Regel nicht aus. Wenn mehrere Lehrerinnen und Lehrer aus verschiedenen Fächern also gemeinsam mit einer Klasse eine Zukunftswerkstatt organisieren würden könnten sie dem Zeitproblem begegnen. Für ein Thema aus dem Bereich „Umweltschutz" könnten Lehrkräfte aus dem Fächern Politik, Geographie und Biologie zusammenarbeiten und ihre Stunden zusammenwerfen. Diese Idee verlangt dem Lehrerkollegium allerdings ein hohes Maß an Kooperationsfähigkeit ab. In vielen Kollegien würde es sicher schwer so ein Konzept durchzusetzen, dennoch denke ich lohnt es sich immer es zu versuchen.

Die Schule ist aus vielerlei Gründen sehr gut geeignet für die Durchführung einer Zukunftswerkstatt. Sie bietet ausreichend Räumlichkeiten und die nötige Ausstattung. Materialien für die einzelnen Phasen sind in der Schule im Regelfall vorhanden und schnell herbeigeschafft. Dazu verfügen die meisten Schulen heutzutage über einen PC-Raum in dem die Schülerinnen und Schüler sich durch Internetrecherchen mit einem Thema weiter vertraut machen können. Zusätzlich treffen durch die Schülerinnen und Schüler und die Lehrperson verschiedene Generationen aufeinander. Das kann für viele Themen bereichern sein, weil daraus verschiedene Perspektiven entstehen.

Alles in allem halte ich die Zukunftswerkstatt für sehr geeignet um sie in der Schule auszuprobieren. Natürlich ist die Organisation sehr mühsam und aufwändig, dennoch denke ich wird sie den Schülerinnen und Schülern als auch den Lehrkräften Spaß bringen und für eine Abwechslung im Schulalltag sorgen. Aus den Ergebnissen könnte im Idealfall eine ständige Arbeitsgemeinschaft entstehen, die ein Projekt länger verfolgt.

Literaturverzeichnis

- Gugel, Günther (2007): 1000 neue Methoden. Praxismaterial für kreativen und aktivierenden Unterricht. Neu ausgestattete Sonderausg. Weinheim, Basel: Beltz (Pädagogik).

- Kuhnt, Beate; Müllert, Norbert R. (2006): Moderationsfibel Zukunftswerkstätten. Verstehen - anleiten - einsetzen ; das Praxisbuch zur sozialen Problemlösungsmethode Zukunftswerkstatt. 3., überarb. Aufl. Neu-Ulm: AG-SPAK-Bücher (Materialien der AG SPAK, 166).

- Mattes, Wolfgang (2008): Methoden für den Unterricht. 75 kompakte Übersichten für Lehrende und Lernende. [Nachdr.]. Paderborn: Schöningh (Schöningh-Schulbuch).

- Reinhardt, Sibylle; Richter, Dagmar (2007): Politik-Methodik. Handbuch für die Sekundarstufe I und II. 1. Aufl. Berlin: Cornelsen Scriptor.

- Sander, Wolfgang (2007): Handbuch politische Bildung. 2. Aufl. Bonn: Bundeszentrale für Politische Bildung (Schriftenreihe / Bundeszentrale für Politische Bildung, 476).